PRÉCIS

POUR SERVIR DE RÉPONSE

Aux Observations de M. Leroux,

PRÉSENTÉES au Conseil Municipal de Rouen, sur deux ÉCRITS intitulés :

RÉFLEXIONS SUR LE NOUVEAU SYSTÈME DE L'IMPOT INDIRECT, ETC.

PAR M. L....

ROUEN,

DE l'Imprimerie de F^s. MARI, rue des Carmes, N°. 102, presqu'en face la rue aux Juifs.

1814.

PRÉCIS

Pour servir de réponse aux Observations de M. LEROUX, présentées au Conseil Municipal de Rouen, sur deux Écrits intitulés :

RÉFLEXIONS SUR LE NOUVEAU SYSTÊME DE L'IMPÔT INDIRECT, etc.

UN Écrit, des Observations, présentés au Conseil Municipal de Rouen, sur la question qui lui a été soumise par l'article IV de la loi du 27 Avril dernier, viennent de paraître.

Je les ai lus, et j'y ai cherché des moyens, des développemens, des conséquences nécessaires à cette importante question ; soit que l'auteur ait voulu en adopter le principe, soit qu'il ait voulu le repousser, je n'y ai rien trouvé de relatif, rien de concluant.

L'auteur ne devait pas s'attendre à une réplique ; mais je la dois à la vérité que j'invoque, et qu'il a foulée aux pieds ; je la dois à sa propre conscience qu'il a trahi sans nulle pudeur ; je la dois enfin à l'honneur des principes qu'il a constamment prostitués.

M. Leroux, auteur de ces Observations, s'excuse, il est vrai, avec modestie, sur le peu de temps qu'il a eu à rédiger son écrit.

Il est en effet malheureux, pour l'importante question dont il s'est emparé, qu'il n'ait pu où qu'il pas voulu prendre le temps de l'approfondir ni de la résoudre, puisque, de son propre aveu, il ne présente qu'un avorton.

L'auteur a encore soin de réclamer l'indulgence des magistrats, auxquels ses observations sont, du reste, assez cavalièrement adressées, et rédigées, dit-il, avec rapidité et par la considération du prochain rassemblement du conseil municipal.

J'étais d'abord tenté de glisser sur cette pasquinade, et de laisser dire à ses lecteurs: coquetterie de métier.... ruse de guerre....

Mais, réflexion faite, si l'auteur eut pris le temps de se méditer, il se serait apperçu qu'en se proposant un but d'utilité publique, d'intérêt général, n'en doutons pas, il a donné dans le sens contraire; il se serait apperçu qu'il n'a nullement atteint ce double but; et que, loin d'éclairer les magistrats auxquels il adresse ses observations sur l'importante question dont il a voulu s'emparer, il les fatigue et *les torture*, pour me servir de ses expressions chéries, par une série de faits plus ou moins exagérés, généralement dénaturés; tous étrangers à son sujet principal. Si l'auteur eut voulu se relire, il se serait apperçu qu'il a constamment mis les prestiges de son imagination ardente, les vœux toujours inquiets de ses cliens, à la place de la vérité; il se serait encore apperçu qu'il parle avec irrévérence d'une administration sanctionnée par le Monarque; qu'il parle encore avec plus d'irrévérence de l'homme d'état dépositaire de sa volonté, des magistrats chargés de l'interpréter, de la répandre; il en eut donc nécessairement retranché toutes les invraisemblances, toutes les exagérations, tout ce qui porte visiblement le caractère de la calomnie, qui sont et seront l'éternel lieu commun de tous ceux qui voudront lutter contre la vérité, contre les principes, contre l'autorité supérieure; et, dans ce cas, il eut pu mériter quelqu'indulgence.

Du reste M. Leroux, à l'en croire, ne consulte que son zèle; il est entièrement désintéressé; mais, si je ne trompe, il ne nous dit pas tout: si j'en crois certaines réminiscences..... mais attendons....

Une dernière réflexion vient encore corroborer mes soupçons. Pourquoi une question de si haute importance, une question qui intéresse en sens divers toutes les classes de la société; pourquoi une question d'état enfin, se trouve-t-elle ainsi abandonnée à celui qui n'y a aucun intérêt, et qui en a mis effectivement si peu, qu'il n'a pas même voulu s'en occuper tout entier, ni employer tous ses moyens pour la développer? Pourquoi? La solution de cette question est simple; elle se puise dans la nature des faits ; c'est que l'initiative n'en appartient qu'à la loi elle-même, à ses organes ; c'est que l'homme réfléchi la regarde encore comme le sanctuaire de cette *arche sainte*, dont l'auteur s'est trop indiscrètement approché.

L'auteur de ces Observations n'a pas le temps d'approfondir la question, et ne voulant probablement pas non plus compter sur la force de ses argumens, il prend les armes du ridicule. Certain de n'avoir la raison pour lui, il veut au moins avoir les rieurs de son côté ; et partant de ce principe, il me transforme bénévolement en *zélateur d'une secte nouvelle*, qui date cependant depuis plus de douze cents ans ; il me transforme *en illuminé, en nouveau Séïde....* et que sais-je !... Mais il ne me paraît pas disposé à croire à cette sécurité de conscience qui est le propre, le premier bien de l'homme de tous les rangs. Il se dit désintéressé, mais il ne veut pas croire à cette abnégation de soi-même qui dispose à la pratique de tous les devoirs.

Au surplus, je m'attacherai moins à ces personnalités de corps avec lesquelles il veut nous subjuguer, qu'à la vérité, la précision des faits qui portent dans l'âme cette conviction intime, qui fait l'objet de ses inquiétudes continuelles, le tourment de ses cliens.

Me dictant en cela la mesure de ma réplique, il me permettra de le suivre et de ne pas m'égarer avec lui ; et puisqu'il invoque le culte chrétien , qu'il me soit permis de m'écrier avec le prophète Jérémie : *Judica me Domine , et discerne causam meam de gente non sacra.*

Messieurs , jugez-moi , je vous en prie ; et sur-tout ne me confondez pas avec cette secte impie *.

Suivons donc l'auteur , et parcourons avec lui ses observations.

D'après son plan , il me fait parler en *inspiré* , et me prête les expressions de ses ridicules combinaisons ; il me fait dire ici , *sans droits réunis , point de salut ;* et plus loin , *hors cette administration fiscale , il n'y a ni probité , ni lumières.*

L'auteur me donne au moins cet avantage que je n'ai pas même besoin de relever de pareilles futilités ; mais qu'il me soit permis d'invoquer le témoignage d'un publiciste de l'antiquité , qui dit : *Nec quies gentium sine armis , nec arma sine stipendiis , nec stipendia sine tributis.*

---

* Cette interprétation de l'Ecriture-Sainte n'a rien d'offensant pour personne ; elle n'est relative qu'à la différence *de nos cultes* , pour me servir des expressions de l'auteur des Observations ; mais la Chronique scandaleuse se plaît à répandre , je ne sais dans quelle intention , que je suis un ex-prêtre.

Voici ma profession de foi à cet égard : Si j'eusse été prêtre , je crois que je le serais encore. J'ai quelquefois entendu la messe , mais je ne l'ai jamais dite. Mon début dans le monde a été de servir mon Roi , dans le ci-devant régiment Mestre-de-Camp , cavalerie ; dans un poste

Il est reconnu, par le témoignage même de l'antiquité, que l'impôt est un droit sacré de la souveraineté ; qu'il consolide le trône, qu'il assure le maintien des Etats et préserve l'un et l'autre de ces calamités dont nous avons encore à gémir. Il n'en est pas moins constant que l'impôt des boissons se reporte à la naissance de notre Monarchie. Il est donc inconvenant, ridicule et faux de dire que ce système puise sa source dans *l'excès d'une délirante domination, et dans les ordonnances de ce bon Gouvernement du Sabre*, etc., etc. *

Sous le règne de nos Rois, de nos Bourbons, le régime des Aides a constamment subsisté. Dans des temps plus reculés, ce mode d'impôt n'était autre chose qu'un secours en hommes que les provinces fournissaient au Roi, à l'effet de l'aider dans les guerres que l'honneur ou les droits de la Nation le forçaient d'entreprendre (d'où vient l'étymologie du mot *Aide*); ces secours furent par la suite convertis en redevances en argent, au moyen d'un impôt levé sur diverses marchandises, et particulièrement sur les boissons.

L'origine de ces droits sur les boissons date du règne de Chilpéric, en 584. A la naissance de ce droit, il se percevait en nature sur le propriétaire récoltant, et ce ne fut qu'en 1560, après la malheureuse bataille de Poitiers, où le

moins bruyant, je le servirai avec moins d'éclat, mais avec autant de fidélité.

* Expressions populaires, mots usés, hors de mode, et qui ne peuvent pas même séduire le lecteur superficiel.

Roi Jean fut fait prisonnier, et pour sa rançon, que les Etats-Généraux transformèrent ce droit, encore en nature, en droit à la vente en gros et en détail.

Depuis ce temps, ce droit éprouva des variations, des modifications, selon les circonstances, et il ne formait encore qu'un système isolé et soumis à une variété de réglemens qui gênaient les rapports des provinces, des villes mêmes, ralentissaient l'activité du commerce et donnaient naissance à une foule d'abus que l'expérience a signalés et qu'il est facile de détruire.

Ce fut dans ces derniers temps et sous nos yeux qu'un nouveau système, mieux approprié à cette unité qui constitue la force d'un grand Etat, donna naissance à ce nouveau régime de l'impôt indirect.

L'héritier du trône de Henri IV sut en apprécier l'importance, et consacra ce système en principe.

Il n'est donc plus question de l'avilir pour le renverser; mais, au contraire, de l'établir sur des bases tout à-la-fois conformes aux besoins de l'état et dans l'intérêt général.

Nous voyons que cet impôt, dès l'origine, était particulièrement le propre des gens de guerre; que par suite il servit à faire les fonds destinés à l'entretien des troupes, et qu'enfin il a fourni la rançon à l'un de nos Rois.

Ne pourrait-on pas, en lui rendant cette destination primitive, et dans ce moment, ou par un rapprochement plus heureux, fier de notre conquête, jaloux de posséder le meilleur des Rois, fixer à cet égard l'opinion publique, que l'on ne pourrait plus abuser sur la prétendue nullité d'un impôt à qui l'on prête tous les caractères odieux?

En assignant directement les revenus de cet impôt à la solde des troupes, qui ne verrait un sujet d'émulation à l'acquitter? Le consommateur saurait que tous les jours il retrouve avec les besoins de la vie l'élément de sa force politique; le contribuable, en acquittant cet impôt, ne verrait en lui qu'un citoyen plus ou moins utile à l'Etat, selon l'importance de ses produits; la fraude deviendrait alors un crime national; et chacun ouvrant les yeux sur ce genre d'abus, se croirait intéressé à le surveiller.

Une pareille disposition pourrait provoquer ce véhicule de l'esprit public, dont une nation rivale nous fournit journellement l'exemple.

Mais l'auteur entre en matière, et je dirais presque comme lui, qu'il débute par un *anathême*; il ne me suppose que l'intention d'effrayer les magistrats chargés de décider sur l'importante question soumise à leurs délibérations; si cette idée n'était que fausse à mon égard, je ne la relèverais pas; mais elle est absurde à l'égard des magistrats, dont il fait à son gré des êtres pusillanimes, qui cependant loin de s'effrayer par un simple écrit, ne peuvent pas même se laisser influencer

par aucune considération ; mais dont les ta-
lens, les vertus, les principes aiment encore
à s'entourer de ce concours d'opinions qui
peuvent réfléchir quelques étincelles sur ce
foyer de lumières.

A entendre l'auteur, Son Excellence Monsieur le Commissaire du Roi lui-même, se
serait laissé circonvenir par la calomnie et
l'intrigue de gens trop intéressés à conserver
le mode actuel de perception ; et *cet ange
de paix*, ce sont ses propres expressions,
précurseur de tout le bien qui doit s'opérer
dans la volonté du Souverain, se serait vu
forcé, comme par un talisman, de signaler
son premier acte d'administration par le langage de la sévérité ; il craint encore que ce
même talisman, un pareil prestige, ne soient
employés auprès de ceux de Messieurs les
membres du Conseil municipal, qui, par état,
sont étrangers à tout ce qui concerne l'importance de cette question. Il en appelle
encore à ces magistrats qui, selon lui, ont
gémi du nombre énorme de *procès de régie*,
qui dévorent, dit-il, le tems des tribunaux avec
la fortune des contribuables, et qui cependant,
mais toujours par suite de ce même talisman,
se trouvaient forcés de consacrer des dispositions réglémentaires ; c'est-à-dire de céder
au vœu de la loi.

Comment raisonner ainsi de sang-froid ?
Comment supposer, comment oser écrire
que celui qui est revêtu de toute la pléni-
tude des pouvoirs d'un Monarque bienfaisant,
que des administrateurs créés dans l'intérêt du

peuple, que des magistrats enfin, qui n'ont que la loi pour guide, puissent se laisser circonvenir par des considérations qui puisent leur force dans la pusillanimité, l'intrigue, la calomnie ? Qu'un pareil choix d'hommes d'état, tous investis de la confiance publique, puissent se laisser circonvenir par ce prestige encore inconnu ?

Un semblable raisonnement n'est-il pas pitoyable ? mais la réponse à un pareil langage est précise. Si l'ange de paix a été obligé de convertir ce ministère en mesure de rigueur, de sévérité, c'est que vous vous êtes notoirement constitués en état de rebellion contre la loi, contre la volonté du souverain ; si les tribunaux ont été forcés de prononcer des condamnations, c'est qu'ils ont reconnu les délits, la fraude ; si les magistrats du peuple se prononcent contre vous, c'est que vos prétentions sont ridicules, c'est que votre cause est mauvaise.

L'auteur des observations invoque enfin le langage des Bourbons, ces pères du peuple, bien instruits, dit-il, depuis long-temps, de tout ce que cet impôt avait de plus vexatoire. Hé bien, ayez donc confiance dans ces pères du peuple ; sur-tout montrez-vous soumis aux lois, afin qu'ils ne puissent pas s'appercevoir que vos prétentions sont fallacieuses, et que leurs promesses, toutes dirigées dans l'intérêt général, ne sont point en rapport, en harmonie avec vos sentimens, avec vos intérêts cupides.

Ici, l'auteur des Observations veut aborder

la question principale, et il n'est pas plus
exact que dans ses suppositions; je dirai plus,
il décèle un sentiment qui n'est plus celui de
l'impartialité dont il semble se targuer; il
substitue le vœu, le désir de ses cliens, à la
place de la loi même qu'il invoque, et fort
de cette supercherie, il ose dire que S. A. R.
s'étant fait rendre compte des abus de la perception du droit de détail, annonce par
l'art. 4 de la loi du 27 avril dernier, la suppression des exercices et du droit de mouvement dans les villes ayant octroi. D'après cet
énoncé, qui ne croirait effectivement que
l'article 4 de la loi du 27 avril, n'ait proclamé
la suppression des exercices et du droit de
mouvement dans les villes ayant octroi? Cependant, lisez l'article 4 de cette loi, et vous
y verrez textuellement : « Dans les villes ou
» communes où il est perçu aux entrées des
» droits au profit du trésor ou des droits d'oc-
» troi, les exercices seront supprimés, ainsi
» que le droit de mouvement pour les trans-
» ports opérés dans l'enceinte de la commune,
» moyennant la perception en remplacement
» du droit de détail, d'une taxe additionnelle
» aux droits d'entrée, laquelle sera calculée
» de manière à assurer au trésor l'équivalent
» des droits remplacés, sauf la déduction des
» frais de perception. »

Lisez encore le préambule de cette loi,
son considérant, et vous y trouverez, outre
des dispositions bienfaisantes, ces paroles re-
marquables: « Nous avons cru devoir retran-
» cher tout ce que cet impôt a de plus vexa-
» toire, et le rendre, autant qu'il est en nous,
» supportable au peuple. »

Plus conséquent que l'auteur des Observa‑
tions, je ne me permettrai pas de réflexions
sur l'interprétation de cet article de la loi, qui
est la base des délibérations des conseils mu‑
nicipaux.

Plus confiant dans leurs lumières, attendons
tout de la sagesse de leurs décisions.

Cependant, l'auteur des Observations paraît
plus tranquille, plus rassuré sur une cause
qu'il n'a embrassée que par zèle et *sans nul
intérêt*, maintenant qu'il a deviné, aussi par
inspiration, que le conseil municipal, *riche
de l'ascendant de ses données*, motivera son
vœu d'adhésion pour la suppression des exer‑
cices, et fera modérer la taxe de l'équiva‑
lent, qui, selon lui, doit rendre au tré‑
sor un revenu net, un produit exempt de
frais de perception. Il ne craint plus de
se prononcer sur le sort d'une popula‑
tion de quatre-vingt-dix mille âmes, dont il
sacrifie les intérêts à des combinaisons cou‑
pables, à l'avide spéculation de ces débitans
qui puisent leurs grands moyens de fortune
dans le système des novations, et il en conclut
que ce revirement qui entraîne cependant, de
son aveu, *de grands inconvéniens*, n'est
qu'une compensation funeste à l'égard d'une
population entière, mais nécessaire à l'égard
de douze à quinze cents commerçans que
l'ordre des choses actuelles, dit-il, *va réduire
à une ruine totale* : je reviendrai sur ce der‑
nier point.

Ici il qualifie et assimile au commerçant

(nom distingué de tous les pays) celui que tout
à l'heure il va nous présenter *comme un mal-*
heureux débitant, obligé de convenir qu'il ne
sait ni lire ni écrire, forcé de s'en rapporter
aux employés , pour fixer ses charges , ne
pouvant se donner un moyen de contrôle, et
n'osant pas même réclamer en cas d'erreur.
Il va encore indiscrettement nous divulguer les
secrets de ce métier.

L'auteur, toujours en contradiction avec
les faits comme avec les choses, veut encore
l'être avec les mots, avec les quantités, et
porte à quinze cents le nombre des débitans
qui ne sont que de huit à neuf cents, tout au plus
mille; et toujours inconséquent pour lui-même,
il croit ainsi servir ses cliens qu'il accuse; il nous
prouve en cela qu'il n'est pas si étranger qu'il
veut bien le dire à cette cause ; il en parle
en connaisseur; et, pour cette fois, il décèle
un sentiment que l'on pourrait confondre avec
celui de la vengeance ; du reste , il parle par-
faitement métier; il se connaît en fraude, il
la traite à fond, et nous prouve encore que tout
ce que l'on peut en dire n'est pas une chimère,
et que les mesures qu'il convient de prendre
pour la réprimer , ne peuvent être trop reli-
gieusement observées.

En effet, que conclure de ces révélations
de l'auteur, sinon que la fraude est toujours
en activité; que les contraventions qui la fa-
vorisent sont journalières ? Qu'en conclure
encore , sinon que les employés en la recher-
chant, en la découvrant, font journellement
leur devoir ? En vérité, l'auteur désintéressé

serait payé par les employés, qu'il ne pourrait pas mieux les défendre.

Un Poète du règne de Louis XIV, dans son
épître à ce Conquérant, a dit, en style pom-
peux :

Grand Roi, cesse de vaincre, et je cesserai d'écrire, etc.

Ainsi je dirais aux débitans : *Si parva licet
componere magnis.*

Messieurs, cessez la fraude, et je cesserai de surveiller, etc.

La fraude est toujours évidente, constamment avérée ; ne pouvant la méconnaître, il
veut en tirer des conséquences funestes, qui ne
font honneur ni à son jugement, ni à cet
esprit d'impartialité qu'il ne pourra bientôt
plus déguiser.

Il convient donc de tirer avantage des exagérations même de l'auteur des Observations,
et de les détruire en principe, en éclairant à
cet égard l'opinion du public, qui n'ignore
pas qu'il se rencontre quelquefois des hommes
complaisans, étrangers au commerce, qui,
pour favoriser la fraude, la recèlent dans l'intérieur de leur domicile. La loi a pourvu et
pourvoira toujours à ce délit. Elle autorise les
employés qui ont de pareils soupçons, de
s'adjoindre un commissaire et de faire une
perquisition dans les lieux où la fraude pourrait s'être introduite. Cette mesure n'a rien
de rigoureux en elle-même ; elle ne regarde
pas *l'homme paisible, le magistrat, la femme
timide* que l'auteur veut vraiment effrayer ;

elle ne peut atteindre que le fraudeur.
La notoriété justifie que cette mesure ne
s'emploie que très-rarement, et l'expérience
a constamment prouvé qu'elle ne s'em-
ployait jamais en vain ; cette mesure, enfin, est à la fraude ce qu'est la police à
l'égard des filous, voleurs ou assassins, et
je n'ai jamais entendu personne se plaindre
de cette mesure de sûreté générale.

L'auteur, après avoir ainsi timoré, je ne
sais trop pourquoi, *l'homme paisible*, *le
magistrat*, *la femme timide*, veut donner des
soupçons, des inquiétudes à ses cliens. La
plupart, dit-il, « ne sachant ni lire ni écrire
» (pour cette fois ils en conviennent), sont
» forcés de s'en rapporter aux employés, pour
» fixer leurs charges et coter le droit tiré de
» leurs ventes ; et comme il existe une louable
» émulation pour fournir le plus de produit,
» et pour provoquer les procès, *ils sont
» forcés en droit*. Il faut dire pourtant que
» quelquefois on a fait droit à des réclama-
» tions sur cet excédent, *qu'on a bien voulu
» appeler des erreurs* ; mais le plus grand
» nombre n'ayant point de contrôle ni de
» pièces justificatives, ils n'ont point osé
» réclamer. »

Ici l'auteur se met à découvert ; il est pris
flagrante delicto. Il est à la discrétion d'une
administration *forte*, *mais sage*, *et dont les
institutions commandent le respect* ; il ne s'en
tient plus à de vagues déclamations ; il accuse
sciemment, en connaissance de cause, des pré-
posés fonctionnaires publics ; il les accuse dans

2

l'exercice de leurs fonctions; il accuse les chefs, l'administration, le Gouvernement: tout est de complicité dans ce crime de faux, de concussion; car il ne peut ignorer que les actes inscrits aux registres portatifs, ayant caractère authentique, sont journellement sous les yeux des chefs, qui n'y apposent leur *visa* que sur le vu même des pièces; que les comptes en résultant, toujours faits avec une régularité qui ne permet que de très-légères erreurs, sont bientôt redressés par la vérification de plusieurs chefs qui se contrôlent mutuellement, passent ensuite à l'administration centrale qui les compulse, les vérifie, et ferait un rappel pour une erreur, fût-elle de cinq centimes. Ces mêmes registres, ainsi vérifiés, contrôlés, restent à l'examen de la Chambre des comptes. Aussi est-il encore sans exemple qu'un employé ait ainsi prévariqué; ces registres, d'ailleurs, toujours ouverts pendant une année, continuent d'être à la disposition des débitans, de leurs conseils, des tribunaux, et ôtent toute atteinte à l'honneur. De pareilles mesures ferment la bouche à la calomnie.

Voilà ce que j'appelle une administration dont les institutions commandent le respect.

Ainsi, rassurez-vous débitans assujétis; soit que vous sachiez lire, soit que vous ne le sachiez pas, vous avez toujours droit à la vérification de vos comptes; rassurez-vous aussi, *homme paisible*, *magistrat*, *et vous femme timide*, votre domicile n'a jamais été violé; un pareil despotisme, cette inquisition n'a heureusement pu entrer que dans le cerveau de l'auteur des Observations, qui, après avoir

ainsi tari la source féconde de ses idées im-
pures, ajoute, par surabondance : « J'aurais
» encore bien des griefs à faire valoir en
» faveur des débitans de boissons. »

Mais vous connaissez cet axiôme: *Qui nimis
probat nihil probat.*

L'auteur met aussi dans ses intérêts le vérita-
ble commerçant; il veut nous raconter *tout ce
qui touche le gros commerce;* mais , déjà
épuisé par cette surabondance de faits, il va
pour cette fois, et encore de son propre aveu,
nous faire *des histoires.* J'engage le lecteur
qui aime les histoires , à lire dans l'ouvrage
même cette partie des Observations de l'auteur, et il ne sera pas trompé. Il y resasse
tous les lieux communs dont il a enrichi sa
collection; et, pour que rien n'y manque , il
cite à ce sujet un fait historique, et nous ap-
prend qu'un négociant, l'un des plus anciens
de la place, revêtu de fonctions publiques
qu'il a honorées , etc. , par suite d'une contravention constatée en son absence sur son
tonnelier, est traduit au tribunal civil; ce
négociant, ajoute-t-il, fort de son droit, ne
veut pas souscrire une transaction portant
l'aveu de la fraude, qu'il n'a ni faite, ni tentée
de faire , et donne suite à cette instance. Il
perd ; il en appelle, il perd encore: sa mar-
chandise est confisquée avec 150 francs d'a-
mende et frais.

Si ce fait est exactement vrai, qu'en conclure , sinon que la contravention était mani-
feste; qu'elle a été jugée telle en principe,

et qu'elle a été définitivement consacrée telle par le tribunal suprême.

Ici tout semblerait consommé pour la justification d'une administration forte.

Mais j'apperçois un mal-entendu ; c'est que ce commerçant estimable , trop fort de son bon droit, et ne voulant pas, par forme de transaction , souscrire d'aveu , n'a pas même voulu reconnaître que son tonnelier ait pu l'engager dans une contravention , et qu'ainsi il s'est volontairement retiré la faveur d'une transaction nullement déshonorante, purement de forme, et qui lui eût probablement coûté 2 francs 20 cent. de frais, attendu son bon droit, et ce caractère de probité que j'aime à lui accorder avec ses concitoyens.

Voilà ce qu'eut fait, pour sa justification , une administration sage.

Lecteur impartial ; je m'en rapporte à vous.

L'exécution de la loi, voilà ce que l'auteur des Observations appelle arbitraire ; et pour lui trouver ce caractère, il ajoute : « On a » opposé un réglement , on a torturé le sens de » la loi. » L'auteur oublie sans doute qu'il attaque un jugement de première instance, sanctionné par un jugement de cour suprême.

Peut-on , de bonne-foi , faire un plus grand abus des mots, tomber dans un pareil oubli de soi-même ?

Puis il ajoute : *Il faudrait un in-folio pour tracer l'histoire de ces vexations ;* mais tout cela est fait ; lisez, compulsez ou plutôt abonnez-vous avec le Mémorial du contentieux des Droits Réunis et de l'Octroi, vous y verrez si la fraude est encore une chimère, vous y reconnaîtrez *que tout y est au grand jour, rendu public ; que rien n'est mystère, même pour les profanes, dans ce temple d'une administration sage,* et sur-tout vous y remarquerez que, plus jalouse encore de consacrer les principes, elle a souvent, et presque toujours, invoqué la voie des transactions les plus favorables en faveur des contribuables sur qui pesaient de pareils jugemens.

Voilà ce que j'appelle une administration dont les principes attestent la philosophie.

Lecteurs, je m'en rapporte encore à vous.

Rassurez-vous donc aussi, Messieurs les commerçans. Mais, je le sais, cette classe précieuse d'une ville qui doit sa splendeur à cette honorable profession, rend plus de justice aux principes d'une administration dont la surveillance peut devenir parfois incommode, mais dont les institutions, essentiellement commandées par la nécessité, assurent des avantages qui se reproduisent bien plus souvent que les désagrémens d'une surveillance qui n'est vraiment incommode que pour ceux qui ont intérêt de s'y soustraire ; et ceux-là ne sont pas les commerçans à qui je m'adresse.

Ne perdons pas de vue notre auteur. Après avoir épuisé les ressources de l'histoire ; car enfin tout s'épuise , il va nous faire des tableaux ; il s'enfonce dans les prisons, s'y promène , son imagination s'échauffe ; il nous dépeint, à sa manière , l'antre du crime ou du malheur ; son âme généreuse, compatissante, se dilate, *et sa philosophie le console des vices des autres hommes.*

En vérité tout cela est fort beau, je ne puis qu'applaudir à la sensibilité d'une belle âme ; je serais même tenté de gémir avec lui sur ces victimes de la faiblesse humaine.

Mais, au fait, qu'est-ce que tout cela a de commun avec la discussion soumise à la délibération des conseils municipaux, avec cette administration que j'appelle forte, mais sage, et que ne pouvant abattre, on calomniera toujours ?

A ce mot de calomnie...., dans ce séjour de crime , mais quelquefois de vengeance , des idées sombres s'emparent de mon âme; je crains..., j'hésite de le suivre...Cependant, fort aussi de ma conscience, je le suis. Va-t-il me présenter quelques victimes du despotisme , de l'arbitraire inquisitorial de cette administration forte, mais sage ? Pour cette fois, je le dis en tremblant.... Mais rassurez-vous *hommes paisibles , magistrats,* et vous aussi *femmes timides ,* rassurez-vous, au moins je le suis, et vais vous mettre du secret.

Notre auteur , qui s'humanise avec les

prisons , est devenu philantrope , et il vou-
drait que ces maisons aient un privilége ,
et qu'elles puissent faire une consommation
de boissons, exempte de tous droits. Comme
ce vœu, ces hautes conceptions sont du res-
sort de la législation , je l'engage à s'en ré-
férer à qui de droit.

L'auteur , après s'être ainsi promené ou
égaré dans les prisons , en revient à l'ordonnance du 27 avril; et comme s'il doutait de
l'efficacité de *ses données* sur l'adhésion de
Messieurs les membres du conseil municipal ,
il se ménage une retraite ; il invoque l'abon-
nement , où , pour être plus exact , il rappelle
le second paragraphe de l'article 7 de cette
ordonnance royale , qui porte : « Il sera , au
» surplus , contracté des abonnemens avec
» tous ceux des débitans qui offriraient de
» payer l'équivalent des droits dont ils peu-
» vent être redevables. »

Puisque l'auteur des Observations me force
dans mes retranchemens , puisqu'il veut me
faire sortir de ce caractère de modération que
je m'étais dicté , je lui dirai qu'il perd lui-
même la cause de ses cliens ; je lui dirai qu'ils
ne savent pas jouir de la faveur des bienfaits ; je
lui dirai encore qu'il n'y a rien à craindre pour
la perte de leur fortune , ainsi qu'il affecte de
le répandre ; au contraire , qu'il est de notoriété publique , et ils ne devraient jamais
l'oublier, beaucoup , venus au hasard et dans
un état de dénuement complet, ont trouvé dans
une grande ville des ressources, des moyens
d'existence ; qu'ils s'y sont fait un établisse-

ment modeste dans le principe, accru par
des bénéfices recueillis sous les yeux de ces
nuées de commis qu'ils veulent avilir, parce
qu'aujourd'hui , devenus riches insolens , *ces*
commis, témoins incommodes, les fatiguent
et leur ôtent les moyens de faire une fortune
scandaleuse aux dépens et de la sueur des
malheureux, à qui ils font payer toujours
cher un moment de repos, qu'aujourd'hui ils
censurent , et que demain ils tromperont
impunément.

S'il en est quelques-uns qui contrastent avec
ces grandes vérités , que l'auteur des Observations ne s'en fasse pas un moyen. Cette in-
tempérance qu'il réprouve , et je ne sais
trop pourquoi à ces environs , est le vice fa-
milier de l'homme sans éducation; l'incon-
duite en est la conséquence : vous me com-
prenez.....

Lecteur impartial, je m'en rapporte toujours
à vous.

Je dirai donc que j'insiste sur l'opinion
que j'ai déjà émise relativement à l'abon-
nement ; et j'ajouterai que ce mode de
perception est impraticable dans l'intérêt
du gouvernement , en ce sens qu'il exclu-
rait les exercices , tels que les débitans
s'obstinent à l'interpéter. J'ajouterai que l'expérience de quelques jours a déjà confirmé
tout ce que ce mode aurait de vicieux , de
funeste au trésor ; qu'elle a encore confirmé
que les débitans font un continuel abus de
cette mesure, dont l'exécution n'a pu être
que provisoire ; ce qui convaincra le législa-

teur qu'il doit se mettre en garde sur les dispositions d'un article qui pourrait contrarier le principal avantage de la loi elle-même, si le principe devait en être confirmé.

Maintenant, l'auteur change de ton ; plus haut, c'est lui-même qui nous conduit dans tous les repaires de la fraude , il nous initie dans de nouveaux secrets, qu'il nous divulgue tout en voulant nous calomnier ; actuellement, il ne veut plus reconnaître de fraude. Depuis que, fort de *ses données*, il voit les droits de détail reportés aux barrières, il s'écrie : « La » fraude est impossible , elle est impraticable ; » une foule d'ambulans , des rondes sur pied, »jour et nuit, ne lui laisseront aucun accès,» et pour preuve de cette assertion , il affirme, avec complaisance, qu'il n'y a pas de ville en France mieux fermée. L'un de nous est dans une étrange erreur, et je crois que la ville de Rouen passera toujours pour une ville absolument ouverte, entièrement accessible en tous sens ; mais ceci se réduit à une solution de fait.

En suivant l'auteur, il y aurait à croire que plein des idées religieuses qu'il vient de puiser dans le sein du malheur, il veut , affublé du manteau de cette philantropie qui lui paraît si étrange, quand elle ne sert pas sa cause, répandre ses faveurs. Il s'appitoie misérablement « sur ces pauvres employés ambulans, dont » la rétribution, dit-il, est si faible , qu'elle » ne peut servir qu'à les empêcher de mourir » de faim. »

Ici son penchant l'emporte, et l'auteur

s'écrie : « Ceux-là sont pleins de zèle et dignes
» de trouver dans la nouvelle surveillance qui
» leur sera confiée, un motif d'augmentation
» de leurs traitemens, réellement insuffisans
» pour les faire subsister. »

Où allez-vous donc encore vous égarer,
Monsieur Leroux ? quel rapport, je vous prie,
avec l'importante question soumise aux délibérations des conseils municipaux ? pourquoi
tant de prévoyance ? pourquoi cette flagornerie
encore inconséquente, insultante même pour
les employés de l'octroi ? Eh! qui a jamais con-
testé leur zèle, leur fidélité ? Mais pourquoi,
dans quelles vues enfin, en faire un éloge aussi
gratuit, et qui contraste d'une manière aussi
frappante avec ces employés d'une même administration, qui ne sont, « suivant vous, que
» des oisifs incommodes, partisans de tous les
» genres d'abus, de vexations, n'ayant, à
» votre caprice, tantôt que l'appât des saisies,
» des confiscations, tantôt que la nécessité
» d'être en guerre perpétuelle avec les rede-
» vables ? »

C'est cependant avec un pareil jargon que
l'auteur des Observations veut paraître fort de
ses données. Mais, en dernière analyse, est-
ce bien un éloge que l'auteur des Observations
veut adresser aux employés de l'octroi, ou ne
serait-ce plutôt qu'une ironie?...je ne sais trop
qu'en penser..... Mais rapprochons les faits :
au moins est-il que l'auteur des observations,
ne consultant jusqu'alors que son zèle, ne me
paraît plus, pour cette fois, aussi désintéressé.
Ne voudrait-il pas à son tour encenser l'*idole?*

il paraît au moins avoir du faible à l'approche *des barrières*. Je gagerais que l'auteur des observations pensait alors à la bascule du terreiu du Mail, à bien d'autres choses, peut-être...... Mais chut... chut...; au moins, ne vous y laissez pas prendre, car vous l'avez dit : « Le fraudeur » pris en flagrant délit, est un ennemi rendu » à discrétion. Il faut que le fraudeur soit puni ; » la sévère répression de ce délit est le garant » de l'honnête commerçant, qui acquitte fidè » lement son impôt. »

L'auteur, toujours fort de *ses données*, veut probablement se ménager la réconciliation de ces mêmes employés, dont il paraît vouloir se rapprocher, il ajoute : « Puisque les » employés de la régie aiment tant à faire » transiger, à arranger les affaires, ils pour » ront sans obstacle imposer les conditions les » plus dures. »

Quel terrible homme que l'auteur des observations !..... mais il n'y a que moyen de le prendre. Dans l'intérieur, il est intraitable, il ne veut pas connaître de fraude, de procès ; à la barrière, il ne fait plus de quartier. Ainsi, rassurez-vous aussi, *oisifs incommodes, partisans de tous les genres de vexations,* il y a moyen de conciliation.

Mais l'auteur des Observations, ainsi réconcilié, va bientôt abandonner ses cliens. Après avoir reporté les droits de détail aux barrières, il présente encore un nouveau moyen pour atteindre la consommation du peuple. Il assujétit, de son propre mouvement, ses cliens à un nouvel impôt par une forte patente, calculée sur l'importance de leurs établissemens, sur le prix de leur loyer; de sorte que les boissons, déjà grevées de la totalité de l'impôt reporté aux barrières, éprouveraient une nouvelle taxe sur la patente. Voilà une étrange manière de soulager le peuple! Observateur téméraire, jouissez de votre délire, mais ne surchargez pas l'impôt!

Cependant, fier de sa conquête, sa philantropie ou plutôt sa raison l'abandonne.

Après s'être assuré que le Conseil municipal a proscrit les exercices dans la ville, il suppose que les Conseils municipaux des communes environnantes auront soin de repousser cette faveur, comme contraire aux intérêts de la totalité des administrés; de manière qu'à son compte, *ces vexations, ces entraves, ces visites inquisitoriales, ces exercices enfin, le fléau des villes,* proscrits dans leur sein, seraient conservés à titre de bienfaits dans les communes rurales.

Voilà ce que j'appelle encore raisonner conséquemment; et comme un pareil raisonneur, toujours fort de *l'ascendant de ses données,* ne peut être qu'infaillible dans ses *oracles,* écoutez ce qu'il vous dit : « Ainsi, il ne reste » aucun prétexte pour maintenir dans la ville » les exercices et toutes les vexations qu'ils « entraînent. Le commerce peut et doit ac- » cueillir l'espérance que les magistrats, dont » la noble indépendance se fonde sur l'absence » de tout salaire, vont se prononcer pour la » suppression ordonnée par l'article IV de

» l'Ordonnance du 27 Avril dernier, et con-
» courront ainsi à réaliser ce qu'il pouvait y
» avoir de provisoirement réalisable sans les
» promesses du meilleur des Rois. »

Du reste, l'*oracle* se prononce également
sur le sort des grandes villes du Midi ; et,
pour le prouver, il copie tout au long, et avec
complaisance, l'adresse qu'ont pu faire les
débitans de la ville de Lyon au Roi.

Remarquez la supercherie ; il copie textuellement une adresse ; et il nous la présente
comme un acte du Gouvernement, comme
l'acte de suppression du droit de détail.

Mais l'auteur des Observations ne redoute
plus rien ; il me fournit l'occasion de dire que
cette adresse, pleine de feu, d'un style
brûlant, mais vide de sens, riche de mots, des
idées de cette imagination ardente qui carac-
térise l'exaltation des habitans de cette région,
est cependant fausse en principe, stérile au
fond, et l'auteur a voulu l'imiter ; mais il est
encore loin de son modèle.

Seulement conséquent dans son inconséquence, il n'a pas senti qu'il ne pouvait l'ap-
proprier au flegme réfléchi des habitans de cette
capitale.

D'où il faut conclure que M. Leroux, ex-
débitant *, ayant eu pour son propre compte

---

* L'auteur des Observations s'est nommé lui-même ; il ne
peut se formaliser, et toute rancune doit cesser au moment
de la transaction ou d'un jugement définitif.

plusieurs de ces *procès de régie* dans lesquels il a succombé , et d'après le résumé de
ses Observations , a constamment mis ses inspirations à la place de la vérité ; la volonté
secrète, le désir toujours caché de ses cliens ,
à la place des principes ; que, dans ce sens,
il a fait figurer les premiers dépositaires de
la confiance publique , les magistrats organes
impassibles de la loi , les conseils municipaux
destinés à la protéger , à la répandre , avec
une inconséquence , une irrévérence soutenue ; qu'il a excipé une série de faits , ou
faux ou erronnés , afin d'établir , à l'égard
d'une administration sanctionnée par le vœu
de la loi , un système de ridicule , de calomnie , qui ne peut qu'écarter la confiance,
le respect qui doivent être inséparables de
toutes institutions durables. D'où il faut en
conclure , enfin , qu'un pareil écrit , loin
d'éclairer sur une matière qui peut encore
avoir besoin de développemens utiles , ne
tend visiblement qu'à égarer l'opinion publique , et *torturer* (si j'osais comme l'observateur me servir de cette expression), la
conscience des Magistrats qui ne peuvent confondre les vaines déclamations de cette classe
isolée , inaccessible à tous sentimens généreux , avec l'intérêt de tous , de cette population entière qui se voue à tous les genres
de sacrifice pour le bonheur commun ; d'où
l'on pourrait en tirer cette conséquence, que
le Conseil Municipal, plein des souvenirs de la
bonté du Souverain , qui a bien voulu descendre jusqu'à lui pour y puiser l'élément
de sa propre volonté ; plein de respect pour un

gouvernement qui soumet ses destinées à la volonté générale , déposera aux pieds du Trône
le tribut de ses lumières avec le sentiment
de sa reconnaissance.

L....